Por Toda Vida

Por Toda Vida

ALDIVAN TORRES

Canary Of Joy

Contents

1

"Por Toda Vida"
Aldivan Torres
Por Toda Vida

Por: Aldivan Torres
©2020- Aldivan Torres
Todos os direitos reservados.

Este livro, incluindo todas as suas partes, é protegido por Copyright e não pode ser reproduzido sem a permissão do autor, revendido ou transferido.

Aldivan Torres, nascido em Brasil, é um escritor consolidado em vários gêneros. Até agora, os títulos foram publicados em dezenas de idiomas. Desde tenra idade, ele sempre foi um amante da arte de escrever, tendo consolidado uma carreira profissional a partir do segundo semestre de 2013. Ele espera, com seus escritos, contribuir para a cultura internacional, despertando o prazer de ler naqueles que não têm o hábito. Sua missão é conquistar o coração de cada um de seus leitores. Além da literatura, suas principais diversões são música, viagens, amigos, família e o prazer da própria vida. "*Pela literatura, igualdade, fraternidade, justiça, dignidade e honra do ser humano sempre*" *é o seu lema.*

Dedicatória e Agradecimentos

Dedico esta obra a minha mãe, a minha família, a meus leitores, a meus seguidores e admiradores. Eu não seria nada sem vocês. Especialmente dedico este trabalho a todos que sofreram os horrores do Holocausto.

Agradeço a Deus em primeiro lugar, a meus parentes e a mim mesmo por ter sempre acreditado em meu potencial. Eu ainda vou chegar mais longe.

O Autor

"Em seu coração o homem planeja o seu caminho, mas o Senhor determina os seus passos."

Conteúdo do Livro

PRAÇA

Por toda a vida 2

Por toda a vida 3

Por toda a vida 4

Por toda a vida 5

Por toda a vida 6

Por toda a vida7

Por toda a vida 8

Por toda a vida

Por toda a vida 10

PRAÇA

Maria

O que fez aqui, Jovem?

Divino

Estou esperando meu colega de escola chegar. Nós vamos pedir uma carona na rodovia pois não temos dinheiro para pagar a passagem de ônibus.

Maria

Que triste! Um jovem lindo como você merecia um destino melhor.
Divino
É por isso que estou estudando. Quero ter uma vida melhor. Qual é o seu nome?
Maria
Eu me chamo Mary. E você?
Divino
Divine. É um grande prazer. Você tem filhos?
Maria
Tenho um filho. Ele é carpinteiro e médico.
Divino
Pois diga ao seu filho para me curar. Minha alma sofre muito.
Maria
O que foi? Pode me contar se quiser.
Divino
Estou amordaçado. Eu sou homossexual. Entretanto, não posso viver minha sexualidade abertamente. Tenho muito medo dos meus parentes.
Maria
Acalme-se. Você ainda não tem parceiro. Não é necessário entrar em atrito com sua família.
Divino
Também penso assim. Mas isso é algo que me incomoda.
Maria
Eu e meu filho sabemos de suas necessidades. Por favor, eu peço que não desista do amor. Você ainda é muito jovem. Saiba que há um caminho lindo preparado para você. Basta apenas confiar. Lembre-se sempre que o tempo de Deus não é o nosso tempo.
Divine
Essas palavras me confortam muito. O que devo fazer, minha mãe?
Maria
Continue sendo um jovem bom. Eu vou te ajudar e te acompanhar o tempo todo. Eu sou a Marias das graças, aquela que apareceu em cimbres para crianças.

Divine
É uma honra tê-la comigo. Você apareceu para minha prima, Maria da Luz. Obrigado por se importar com minha família.
Maria
Não precisa agradecer. Eu amo ser sua amiga e mãe espiritual.
Divine
Também amo ser seu filho. Juntos para sempre?
Maria
Sim, para sempre. Sua carona já vem vindo. Quando precisar de mim, é só chamar.
Divine
Eu sei disso. Uma boa viagem de volta. Lembranças para Jesus.
Maria
Darei a mensagem. Fé e força na caminhada.
Rodovia
Divine
Eu acho uma humilhação termos que passar por isso. Devíamos ser apoiados financeiramente por alguém ou pelo governo. Pedir carona é muito perigoso. E se entrarmos num carro dum assassino ou estuprador? O que será de nós?
Thomas
Acorda, Divine. Estamos no Brasil. A educação nunca foi uma prioridade para esse país. Eles preferem um povo desinformado e analfabeto. Desta forma, eles podem dominar a população mais pobre. Nós somos apenas números, meu amigo.
Divine
Verdade, Thomas. Estamos sozinhos na busca de nossos sonhos. Isso é um pouco triste, mas também desafiante.
Thomas
Eu acho muito interessante essa nova trajetória. Eu já tenho inúmeras formações e continuo tentando encontrar um caminho. Através dos erros, é que acertamos.
Divine

Concordo. Eu gostei muito do primeiro dia de aula. Fiquei encantado com os colegas e os professores. Parece que vou adorar o curso.

Thomas

Eu também amei este primeiro dia de aula. Com fé em Deus, terminaremos o curso juntos daqui a dois anos.

Divine

Também tenho toda fé. Amei conhecer você. Será um prazer estudarmos juntos.

Thomas

O prazer vai ser todo meu.

No carro

Motorista

Vocês têm muita coragem. Não façam mais isso. Pegar carona é muito perigoso.

Thomas

Eu sei disso. Mas hoje não tínhamos dinheiro. Sempre estamos juntos. Fazer mal a dois é mais difícil.

Motorista

Nem tanto. A maldade do ser humano é sem limites. Prometam-me que esta será a última vez.

Divine

Prometemos, senhor. Nem que eu peça esmola, não vamos mais pedir carona.

Motorista

Ainda bem. Fico mais tranquilo. Vocês são estudantes?

Thomas

Sim, nós somos. Estudamos na escola federal. Fazemos o curso de eletricidade.

Motorista

Legal. Dizem que é um curso muito bom. Quem se forma nesta escola, já sai com emprego garantido.

Thomas

Nem sempre. Depende do esforço da pessoa.

Divine

Por isso me indicaram o curso. Não sei se isso realmente é minha vocação, mas como estou sem estudar vou frequentar o curso.

Motorista

Muito bem. Boa sorte para os dois. Não façam como eu fiz. Abandonei os estudos e como consequência estou dirigindo esse caminhão.

Divine

Como é a vida dum caminhoneiro?

Motorista

É uma vida muito sofrida, sabe? Estamos em constante movimento longe de nossa família e de nossas origens. Corremos altos riscos de assalto e morte. É uma profissão altamente perigosa.

Thomas

Perdoe-me a curiosidade. Mas como faz para se satisfazer sexualmente longe de sua mulher?

Motorista

Nós pagamos garotas de programa. Com toda segurança, claro.

Divine

Não se sente culpado por trair sua esposa?

Motorista

Já superei essa fase de culpa. É apenas sexo. Não vendemos amor. O nosso amor sempre estará em casa com nossas mulheres e filhos.

Thomas

É o que sempre digo. Há o sexo e o amor. São coisas completamente diferentes.

Motorista

São estas coisas que a maturidade nos traz. A vida é muito bela. Não desperdicem seu tempo com bobagens. Aproveitem cada momento de vossas vidas. O amanhã não nos pertence.

Divine

Somos um rebanho de condenados caminhando sobre a terra. Não sabemos nem o dia nem a hora. Só sabemos que a morte é certa.

Thomas

Belas palavras. Esse meu amigo vai longe. Eu acho que está no curso errado. Você é muito inteligente. Deveria estar cursando engenharia elétrica ou qualquer outro curso superior. Você tem essa capacidade.

Divine

Obrigado pelo elogio, meu amigo. Entretanto, nasci pobre e numa região afastada dos grandes centros. Eu preciso primeiro cuidar de minha sobrevivência.

Motorista

Também acho você muito inteligente. Posso até estar errado, mas eu não acho que seu destino é ser eletricista. Eu desejo para você algo melhor.

Divine

Obrigado aos dois. Estamos chegando. Vamos seguir nossa vida.

Por toda a vida 2

Em casa

mãe

Meu Deus, quanta bobagem, filho! Você fica perdendo tempo lendo estes livros enquanto seus irmãos ficam se esforçando na roça. Você não fica com a consciência pesada?

Filho

Fico com a consciência tranquila, mamãe. Eu estou firme nos estudos porque quero algo melhor. Ler livros para mim é um treinamento essencial. Eu quero ser escritor um dia.

Mamãe

Você vai escrever livros e vai viver de quê? Ninguém gosta de ler livros, filho. Foque em algo produtivo. Pense num trabalho que lhe traga realmente a sobrevivência.

Filho

Eu posso conciliar as duas coisas, mamãe. Posso perfeitamente ter um trabalho que pague minhas contas e produzir arte no meu horário vago. Eu ainda sonho em conquistar o mundo. Isso foi uma promessa divina. Eu vou ser ainda muito feliz e realizado.

Mamãe

Estou torcendo por você, meu filho. Mas quero resultados concretos. Ninguém vive de ilusões. Precisamos comer.

Filho

Tudo a seu tempo, mamãe. Eu ainda vou ajuda-la muito. Eu só peço seu apoio enquanto eu não arranjar trabalho.

Mamãe

Tem todo meu apoio, filho. Sou sua mãe e te amo de verdade. Vou ficar a seu lado.

Filho

Muito obrigado. Agora vou para biblioteca pegar mais livros emprestados.

Mamãe

Vá em paz, filho!

Biblioteca

Bibliotecária

O estudioso chegou. Finalmente belos livros terão a chance de serem lidos.

Divine

Obrigado pela acolhida. Eu amo os livros. Cada um deles me leva a um mundo totalmente mágico. Um mundo de sonhos e diversão. A vida cotidiana é tão chata e cheia de violência. Por isso é bom viajar através dos livros.

Bibliotecária

Muito bem. Qual é seu objetivo?

Divine

Quero ser escritor e cineasta porque amo cinema e literatura. Quero ser o melhor nestas duas profissões. Por isso estou me preparando.

Bib

Acredite sempre em seu potencial. Você é um exemplo para os jovens desta comunidade. Estudioso, dedicado e honesto. Quero que meus filhos sejam como você.

Divine

Isso é uma honra para mim. Mas ainda estou na fase do sonho. Não tenho trabalho nem incentivo de ninguém. Estou sozinho nesse caminho.

Bib

Você nunca está só pois Deus está ao seu lado. Quais livros você vai levar hoje?

Divine

Vou continuar lendo os livros da série vagalume. Foi isso que despertou meu sentido artístico. Espero continuar com essa preparação.

Bib

Muito bem. Pode levar os livros que quiser. Você tem trinta dias para devolvê-los.

Divine

Está bem. Obrigado pelo atendimento. Até outro dia.

Bib

Foi um prazer, jovem! Até logo.

No quarto

Irmã

irmão, vá passear. Não fique o dia inteiro trancado neste quarto.

Divine

Eu quero vencer na vida, irmã. Não tenho incentivo financeiro em meus estudos. Então eu tenho que compensar me dedicando em tempo integral. Depois que eu conseguir meus objetivos, então eu posso aproveitar melhor a vida.

Irmã

Tem certeza, irmão? A vida passa rápido. Será que não vai se arrepender?

Divine

Tenho certeza que fiz a escolha certa. Estou priorizando minha carreira acadêmica. Na hora certa, as outras coisas serão acrescentadas.

Irmã

Tomara, irmão. Boa sorte em seus estudos.

Divine

Para você também, irmã. Toda sorte do mundo.

Anjo

Boa noite, Divine. Como tem passado?
Divine
Estou bem, meu guardião. E Você?
Anjo
Estou ótimo. Como foi seu dia?
Divine
Foi um dia bastante movimentado. Estudei, fui a biblioteca, fui a escola, fui na várzea dos meus pais entre outros locais
Anjo
Que bom, Divine. Você deve estar cansado.
Divine
Muito bem. Fico ainda mais feliz estando com você.
Anjo
Obrigado. Também É uma honra ficar com você.
Divine
Eu estou um pouco confuso. Recebo tantas mensagens inspiradoras. Falam dum tempo bom, ocasião em que colherei os frutos do meu trabalho. Mas será que falta tanto tempo assim?
Anjo
Acalme-se, amigo. Deixe Deus agir em sua vida. Concentre-se no seu trabalho. O objetivo das mensagens é inspirá-lo a continuar lutando.
Divine
Sei bem disso. Prometo que vou continuar com esperanças. Eu ainda vou vencer.
Anjo
É assim que se fala. Estou com você o tempo todo. Não vai acontecer nada de ruim com você.
Divine
Confio em você, meu guardião. Eu te amo!
Anjo
Também amo você. Tenha uma ótima noite.

Por toda a vida 3

Professor
Divine é o orgulho de toda turma. Só tira notas altas. Sigam seu exemplo.

Estudante mulher
Verdade. Ele é um ótimo aluno. Queria ser como ele.

Colega homem
Eu não queria ser como ele. Porque eu sou muito macho. Não sou inteligente como ele, mas sou homem de fibra.

Mulher
Isso eu já percebi. Ele nem me nota mesmo eu sendo uma mulher tão bonita.

Professor
Isso é preconceito de vocês. Nós somos todos seres humanos. O que vale é o caráter e nossas obras.

Divine
Concordo, professor. Vocês não podem me julgar. Só quem sabe da minha trajetória sou eu. Sou eu que carrego minha cruz todos os dias. Eu não tenho vergonha da minha orientação sexual. Ela não me define. Eu sou um ser humano bom e é isso que importa.

Colega mulher
Bravo! Tem todo meu respeito.

Colega homem
Belo discurso. Você é um ser admirável.

Divine
Obrigado a todos. Continuemos os estudos.

Cantina

Homem
Preciso que você faça essa tarefa escolar para mim.

Divine
Por que você mesmo não faz?

Homem
Eu sou burro, Divine. Peço que me ajude. Eu preciso me formar e arrumar meu trabalho.

Divine
Isso não é certo. Isso é corrupção.
Homem
É verdade. Mas se não me ajudar, aguente as consequências. Você não sabe do que sou capaz.
Divine
Você teria coragem de me machucar?
Homem
Você está me obrigando a agir dessa forma. Eu sou um cara muito legal, mas você está sendo egoísta. Por que não quer me ajudar?
Divine
Isso não resolve nada. Ao invés de te ajudar, estou te prejudicando. Eu vou responder sua prova. Mas a responsabilidade é sua.
Homem
A responsabilidade é nossa. Eu te agradeço muito. Se precisar de mim, pode contar comigo.
Divine
Está bem. Obrigado pela disposição, mas não quero nada de você. Só quero distância.
Homem
Sem problemas. Mais uma vez, obrigado pela ajuda.
Sala ao ar livre
Mulher
Já te disse que sou apaixonada por você?
Divine
Já percebi isso. Mas você sabe que não tem chances. Eu sou homossexual. Acho que deixei bem claro para todos.
Mulher
Entendo. Sua rejeição é muito dolorosa para mim. Mas eu respeito. Posso ser sua amiga?
Divine
Vou adorar ser seu amigo. Espero que não fique com ressentimentos. Eu só quero o melhor para você.
Mulher

Não se preocupe. Não estou magoada. Vamos seguir em frente. Nós vamos ser ótimos eletricistas.
Divine
Tomara. Quero arranjar trabalho e ajudar minha família. Preciso continuar lutando pelos meus sonhos.
Mulher
Interessante. Quais são seus maiores sonhos?
Divine
Ser escritor e cineasta. Eu tenho um dom artístico pronto para ser trabalhado.
Mulher
Maravilhoso! Te desejo toda sorte do mundo. Enquanto não vira artista, recomendo continuar no curso.
Divine
Obrigado pelo conselho. Penso exatamente da mesma forma. Nesse caminho, eu creio muito em Deus. Ele escreve certo por linhas tortas.
Mulher
Com certeza, todos estamos nas mãos de Deus. Acredite sempre nele pois ele é nosso melhor amigo.
Divine
Como você acha que é Deus? Como se sente diante dele?
Mulher
Deus ama todo mundo. Mesmo eu, que sou uma prostituta, tenho o amor dele. Por isso, Divine, não se preocupe. Você não vai ser condenado por ser gay. Existem pessoas bem piores revestidas de moralidade.
Divine
Belo discurso. O que é pecado para você?
Mulher
Pecado é provocar sofrimento no outro. Se eu bebo, se eu me prostituo, se eu fumo, isso só diz respeito a mim. Eu não estou prejudicando ninguém.
Divine
Seu ponto de vista é interessante. Fui criado na rigidez católica onde tudo é pecado.

Mulher

O resultado é que você se tornou num jovem patético. Por culpa da religião você deixou de viver sua sexualidade e ser feliz. Você perdeu muito, Divine. Acorde para a realidade.

Divine

Estou acordando. Mas tenho muito medo da minha família. Eles são totalmente tradicionais.

Mulher

Viva sua vida. Esqueça a opinião dos outros. Se não fizer isso, nunca será feliz e será apenas um fantoche nas mãos dos outros. Seja autor de sua própria história. Cresça e apareça.

Divine

Obrigado. Suas palavras me trazem sabedoria. Agradeço esse momento.

Mulher

Não precisa agradecer. Também gostei de nossa conversa. Pode confiar sempre em mim. Eu sou sua amiga.

Divine

Também sou seu amigo. Até outra hora.

Mulher

Até logo.

Por toda a vida 4

Professor

Assim chegamos ao término do curso. Agora começa a etapa do estágio. Temos vagas em Piracicaba, interior de São Paulo. Podem vim se inscrever.

Estudante h

Vou adorar explorar esse mundo. Finalmente poderemos entrar no mercado de trabalho.

Mulher

Também vou adorar. Vamos, Divine. O que estamos esperando?

Divine

Eu não vou. Algo me diz para não ir.
Mulher
Como é que é? Não me diga que vai jogar todo seu esforço fora por medo? Deixe de besteira. Piracicaba é uma cidade linda.
Divine
Eu já tomei minha decisão. Eu não vou enfrentar o mundo. Posso até estar cometendo um erro, mas eu não vou. Prefiro perder tudo.
Estudante
Você é um tolo. Está jogando fora sua chance de futuro. Já pensou nisso?
Divine
Eu pensei muito bem. Eu quero ficar com minha família. Continuarei enfrentando a fome e a falta de perspectiva, mas continuarei sonhando. Ainda não é meu momento.
Estudante
Se você decidiu assim, quem sou eu para intervir? Boa sorte em sua trajetória, amigo.
Divine
Muito obrigado. Boa sorte para vocês também. Foram dois anos de aprendizado muito proveitosos. Eu amo todos vocês.
Mulher
Vou sempre lembrar de você. Que você seja feliz.
Professor
Você é um ótimo aluno. Eu apoio sua decisão. Você merece muito mais. Faça uma faculdade. Você tem grande talento.
Divine
Agradeço o conselho. No momento, vou descansar. Quem sabe no futuro. Espero ter outra chance da vida. Adeus!
No deserto
Diabo
Vidente, filho de Deus. Já pensou em tudo que esses nomes significam? A vidência é um dom que faz o indivíduo saber do futuro, ou ter a noção exata do que está se passando em outros lugares. Você não tem essas faculdades. Na verdade, o que você tem é uma clarividência pouco

desenvolvida. Muita pretensão sua pousar de vidente poderoso. Quanto ao fato de você ser o filho de Deus, isso é uma grande piada. Será que não se lembra dos seus erros exatamente num deserto como esse? Você acha que Deus o perdoou? Como então tem a coragem de se chamar o filho de Deus? Para mim, você está mais para diabo do que para filho de Deus. Isso mesmo. Você é o diabo como eu!

Divine

Posso não ser um vidente poderoso, mas recebo mensagens do Criador. Ele me diz que terei um futuro brilhante. Eu o estou construindo dia após dia no meu trabalho, nos meus estudos e nos livros que escrevo. Quanto aos meus erros, eu os conheço e já pedi perdão. Quem não erra? Eu me revesti de um homem novo e esqueci todo o meu passado. As mensagens que recebo são de que Deus me considera filho e acredito piamente nisso. Se não fosse assim, ele não me teria ressuscitado inúmeras vezes.

Com os olhos cheios de lágrimas, olho para o universo e dou as costas para meu acusador. Eu dou um forte grito.

Divine

Eu não sou o diabo! Eu sou um ser humano que descobriu um dia que tem um infinito valor para Deus. Ele me salvou da crise e me mostrou um caminho. Agora quero permanecer nele e realizar-me. Não importa os obstáculos e as dificuldades que tenho que ultrapassar. Elas me amadurecerão e me tornarão um ser humano melhor. Eu vou ser feliz porque o universo conspira para isso.

O diabo

Ainda vamos nos encontrar, Divine. A guerra está apenas no começo. No fim, eu sairei vencedor.

Várzea

Divine

Quem é você?

Diabo

Sou Jesus Cristo. Não está me reconhecendo?

Divine

O que veio fazer aqui, na minha mente?

Diabo
Eu vim apossar-me de você. Se aceitares, eu o farei o mais poderoso e o mais talentoso dos homens.
Divine
Como saberei se você é quem diz que é? Eu quero uma prova.
Diabo
Isso é fácil. Você é um jovem de vinte e seis anos, tranquilo, gente boa e muito inteligente. Seu sonho é ser escritor e por isso realizou uma viagem para uma montanha que todos dizem ser sagrada. Você conheceu a guardiã, a jovem, o fantasma, o menino, realizou desafios e entrou numa gruta que é a mais perigosa do mundo. Driblando armadilhas e avançando cenários, você a venceu. Então ela realizou o seu sonho e o transformou num vidente. Porém, a gruta foi apenas uma etapa em seu crescimento espiritual. Agora você precisa de mim para continuar o caminho.
Divine
Então você é mesmo Jesus Cristo. Porém, não sei se quero alguém na minha mente. É difícil se acostumar com uma voz me orientando o tempo todo. Você não podia me ajudar do céu? Era mais cômodo para mim.
Diabo
Se eu não ficar aqui, você será um homem fracassado. Decida logo: quer ser homem, ou quer ser um Deus? Se você escolher a segunda opção, eu o farei voar, caminhar sobre as águas e operar milagres.
Divine
Isso não são boas palavras. Monstro! Você não é Jesus Cristo! Saia da minha mente agora, eu ordeno!
Diabo
Está bem. Eu vou embora. Mas se mudar de ideia, é só me chamar. Eu te ofereço o mundo.
Divine
Eu não preciso ter o mundo para ser feliz. Basta apenas a graça do Senhor. Fora daqui! Nunca mais volte.

Por toda a vida 5

No corredor da escola

Divine

Boa noite. Você também vai cursar faculdade de Matemática?

Grace

Sim. O curso já começou faz vinte dias. Eu estava sem transporte público para vir.

Divine

Estou na mesma situação. Qual é o seu nome e de onde você é?

Grace

Meu nome é Grace. Eu moro na vila das abelhas. E você?

Divine

Eu me chamo Divine. Sou da vila Mimosa. Sou escritor, roteirista e funcionário público. E Você? Do que vive?

Grace

Sou Empresária. Sou dona dum estabelecimento comercial.

Divine

Muito legal. Deve ser muito rica.

Grace

Que nada! O lucro da minha empresa é pequeno. Você que deve ser rico. Artista e funcionário público.

Divine

É o que todo mundo pensa. Mas sou um pobre coitado. Vivo do meu emprego. Apenas pago as contas no final do mês.

Grace

Que triste! Tenha ânimo. Seu sucesso ainda vai chegar.

Divine

Tomara! Vamos para a sala de aula?

Grace

Vamos! Estou ansiosa.

Sala de aula

Professor

Boa noite, turma! Parece que temos novatos aqui. Sejam bem-vindos!

Divine
Muito obrigado. Deixem que me apresento. Meu nome é Divine. Sou um jovem da vila Mimosa. Meu objetivo no curso é aprimorar minhas habilidades matemáticas. Quero entrar no mercado de trabalho e começar a melhorar de vida.

Grace
Meu nome é Grace. Sou da Vila das abelhas. Meu objetivo é concluir um curso superior. Isso vai me ajudar a administrar melhor meu negócio.

Professor
Muito bom. Estou feliz de tê-los conosco. Tentem acompanhar os estudos. Faz vinte dias que as aulas começaram.

Divine
Esperamos recuperar o tempo perdido. Eu estou muito motivado e feliz em iniciar o curso. É tudo o que sempre quis.

Estudante homem
Me perdoe, Divine, mas você tem cara de gay. Isso é realmente depreciador.

Divine
Eu sou homossexual com muito orgulho. Meus valores éticos me tornam uma pessoa boa. Eu sou muito maior do que seu preconceito. Ninguém é obrigado a me aceitar, mas eu exijo respeito.

Estudante
Respeitar um gay? Sua classe não merece respeito nenhum. Não deviam nem existir sobre a

terra.

Grace
Não fale assim com meu amigo, seu monstro. Você não tem direito de julgá-lo. Por acaso, você é Deus?

Estudante
Não sou eu que discrimina. É a própria bíblia.

Professor
Vamos acabar com esta discursão. Que vergonha ainda termos dis-

criminação na classe acadêmica. Vocês são exemplos para sociedade. O preconceito tem que acabar. Deus ama todos igualmente.

Divine

Obrigado pelo apoio, professor.

Estudante

Tudo bem. Mas não espere ter amigos aqui. Eu só sou amigo de machos.

Divine

Eu não preciso da amizade de ninguém. Eu já tenho o amor de Deus e de meus pais. Não preciso de mais nada. Que isso não se repita ou então entrarei com processo judicial.

Grace

Muito bem, Divine. Se precisar, serei sua testemunha.

Divine

Agradeço, amiga.

Professor

Vamos começar a aula. Já estamos bastante atrasados.

Cantina

Estudante

Lá vem a bicha. Estou me retirando. O ar está poluído.

Divine

Os incomodados que se mudem.

Grace

Como se sente na sociedade? Deve ser muito doloroso, não é?

Divine

Já estou acostumado. Diariamente, enfrento a fúria das pessoas. É um desafio gigante na minha vida suportar tudo isso.

Grace

Meu Deus! Você é um herói! Já tem minha admiração.

Divine

Muito obrigado. Encontrei em você uma amiga.

Grace

Eu também encontrei em você um amigo. Obrigado por ser essa pessoa tão especial na vida daqueles que te rodeiam.

Divine
Cada um de nós é especial. Precisamos exaltar nossas qualidades e corrigir nossos erros. Isso se chama evolução.
Grace
Vou aprender muito com você.
Divine
Também vou aprender e ensinar. Nós vamos terminar o curso.
Grace
Assim seja.
Saída da aula
Outro estudante
Boa noite, vejo que é novato. Gostei muito de suas palavras. Não há nenhum problema em ser homossexual.
Divine
Obrigado. Concordo em você embora os desafios sejam gigantes.
Outro estudante
Isso é normal. A sociedade não evoluiu. Você faz concursos públicos?
Divine
Faço de vez em quando. O último concurso público que fiz foi o concurso do banco do Brasil.
Outro
Eu quero prestar este concurso. Você poderia me emprestar material didático?
Divine
O material didático que tenho é inadequado. Por isso, não vou emprestar.
Outro
Tudo bem. Poderia então me dar um beijo?
Divine
De jeito nenhum. Nós não somos namorados.
Outro
Outra recusa? Você tem ideia do inimigo que está fazendo?
Divine

Não. Não tenho nenhuma ideia.

Outro

Eu sou um membro duma seita poderosa. Não vou te deixar mais em paz. Você também não vai terminar o curso.

Divine

Claro que vou terminar. Tenho fé em Deus. Por favor, não precisa falar comigo. Você só quer o meu mal.

Outro

Tudo bem. Fique em paz!

Por toda a vida 6

Divine

No carro

Amor

E aí? Está gostando do trabalho, Divine?

Divine

Estou gostando muito, amigo. Ter um salário estável é o sonho de muitas pessoas. Nós somos vencedores.

Amor

Mas ainda é pouco. Somos jovens e podemos conseguir algo melhor. É só lutar e acreditar.

Divine

Concordo. Por isso estou fazendo faculdade.

Amor

Pretendo fazer mais adiante. Por enquanto, quero conseguir dinheiro e me estabilizar economicamente.

Divine

Isso é muito importante. Você está completamente certo. Saúde financeira é tudo.

Amor

Obrigado. Você é um bom colega de trabalho.

Divine

Eu que agradeço. Ter conhecido você foi uma bênção. Obrigado pela carona de hoje.

Amor

Eu estava apenas no local e hora certa. Nosso encontro estava marcado no destino.

Divine

Verdade. Também acredito nessa força. Vamos seguindo em frente.

Trabalho

Divine

Vim para pedir minha demissão.

Chefe

Como é que é? Não está gostando do trabalho?

Divine

O motivo é pessoal. Mas gostei muito daqui. Eu quero agradecer toda sua atenção, meu chefe.

Chefe

Tudo bem. Desejo toda sorte do mundo para você. Sucesso!

Divine

Estou muito agradecido! Adeus.

Na escola

Divine

Pedi demissão do meu trabalho.

Grace

Meu Deus! Que loucura. Qual foi o motivo da sua saída?

Divine

Eu me apaixonei por um colega de trabalho. Eu não tinha como esconder meu sentimento por muito tempo. Por isso pedi minha demissão.

Grace

Que trágico! Isso é realmente complicado. Eu lamento, amigo. O que vai fazer agora?

Divine

Vou continuar fazendo concursos públicos. Eu sou bem competente. Não vai demorar eu arranjar outro trabalho.

Grace

Tomara. Da próxima vez, tenha mais cuidado. Controle essa carga de emoções.

Divine

Eu ainda não tenho maturidade para isso. Mas é vivendo que se aprende. Vamos seguindo em frente e aproveitando a vida.

Grace

Verdade. Vamos aproveitar cada instante de nossa existência tendo a certeza que seremos sempre felizes.

Divine

Teremos momentos difíceis e felizes. O importante é viver forte emoções. Obrigado pelo apoio.

Grace

Não precisa agradecer. Pode contar comigo sempre. Eu sou sua amiga.

Biblioteca

Estudante

Vivemos a atualidade sabendo que ela é uma construção do passado. A linha histórica é algo a ser estudado e compreendido em seus mais diversos pontos de vista.

Grace

Acho importante esse debate. É nele que percebemos quem somos.

Divine

Eu sou médium e vidente. Ainda assim, não tenho conhecimento sobre todas as cosias. Eu tenho muita curiosidade sobre a origem do universo.

Estudante

Bacana. Acho que posso te ajudar. Eu vou emprestar um dos meus livros. Ao lê-lo, você vai conhecer segredos.

Divine

Sério? Que interessante.

Estudante

Só tome bastante cuidado. Amanhã terá que me devolver. Caso contrário, você pode morrer. O livro é muito perigoso para médiuns.

Divine
Entendi. Pode deixar comigo. Um dia é mais do que suficiente. Obrigado pela ajuda.

No outro dia- corredor

Grace
Como foi a experiência com o livro?

Divine
Foi algo fantástico. Conheci muitos segredos desde a origem do universo.

Grace
Caramba! Que interessante. O que você vai fazer agora? O dono do livro não veio.

Divine
Você pode me ajudar levando o livro para sua casa?

Grace
Claro que posso. Não se preocupe. Amanhã eu devolvo o livro para você.

Divine
Muito obrigado pela ajuda.

Na classe

Divine
Eles vieram. Já devolvi o livro. Eu não canso de agradecer a você. Você salvou minha vida.

Grace
Você é gente fina. Merece toda minha ajuda. Eu não sou igual a estes babacas que te discriminam. Eu não me importo com sua sexualidade. Eu vejo em você um ser humano bom. Isso é o que importa.

Divine
Que bom que existem pessoas como você. O que precisar de mim, estou à disposição.

Grace
Sei que posso contar com você. Eu preciso realmente de sua ajuda. Quero umas aulas particulares para relembrar alguns assuntos que tenho dificuldade. Você me ajuda?

Divine

Claro que sim. Assim que eu tiver tempo na minha agenda, eu te aviso. É um grande prazer ajudar uma amiga tão querida.

Grace

Você é um arraso. Quando vai me visitar?

Divine

Confesso que não sei. Sempre aparecem compromissos e acabo não cumprindo a promessa.

Grace

E eu não te conheço? Sem problemas, Divine. Te adoro mesmo assim. Quero seguir teu exemplo.

Divine

Isso me encanta. Estou muito feliz com a minha retomada de vida. Espero que venham mais sucessos por aí.

Grace

Com certeza virão muitas vitórias. Você merece!

Divine

Muito obrigado.

Por toda a vida7

Senhor

Boa noite. Tudo bom, Divine?

Divine

Tudo bem sim. Estou esperando o ônibus. Estou bem ansioso pois tenho uma prova difícil.

Senhor

Não se preocupe. Você vai superar. Você é muito inteligente.

Divine

Muito obrigado. Ainda assim tenho receio. A faculdade de Matemática é muito exigente.

Senhor

Imagino. E Aí? Já arranjou seu amor?

Divine

Ainda não. Os homens são muito difíceis. Mas não vou desistir tão facilmente. Vou continuar minha busca até encontrar minha alma gêmea.

Senhor

É assim que se fala. Você é um ser de muita luz. Com certeza, Deus vai te abençoar. Você merece ser feliz.

Divine

Que Deus te ouça. É o que mais quero na vida. Ter um companheiro para dividir momentos felizes e construir minha família.

Senhor

O que você procura num homem?

Divine

Lealdade, fidelidade, carinho, paciência, amor, atenção, compreensão, enfim, um homem completo.

Senhor

Quer um conselho? Não seja tão exigente. Busque alguém com objetivos semelhantes. Alguém que realmente se importe com você.

Divine

É um bom conselho. Peço que Deus ilumine meus passos.

Senhor

Ele já está iluminando. Desejo a você uma boa aula.

Divine

Obrigado.

No ônibus

Amiga

Por que está preocupado, Divine?

Divine

Hoje é a temida prova de álgebra. Estudei muito, mas não sei se estou preparado.

Amiga

Muita calma, amigo. Controle sua ansiedade e tenha paciência. Pense positivo e vai dar tudo certo.

Divine

Obrigado pelo apoio. Como está sendo sua experiência no curso técnico de edificações?
Amiga
Estou penando, mas com fé estou superando. Você é meu exemplo, Divine. Aprendi com você que quando nos esforçamos verdadeiramente os resultados chegam.
Divine
Que bom que sou seu exemplo. E o relacionamento com o namorado?
Amiga
Está fluindo bem. Estamos respeitando o espaço um do outro, nós nos apoiamos e nos amamos. Espero que esse relacionamento gere frutos.
Divine
Estou torcendo por vocês, amiga.
Amiga
Muito obrigada. Você também vai arranjar seu amor.
Divine
Que Deus te ouça. Tudo é no tempo de Deus.
Amiga
Boa sorte na prova.
Divine
Muito obrigado.
Sala de aula
Preparei uma prova especial para vocês. Nela, serão exigidas todas as habilidades necessárias para um matemático. Não é nada difícil. Basta ter raciocínio, paciência e inteligência. Boa sorte para todos vocês.
Divine
Obrigado, professor.
Em casa- quarto
Anjo
Boa noite, Divine.
Divine
Boa noite, meu guardião. Como está?

Anjo
Vou bem e você?
Divine
Estou muito bem também. Alguma novidade?
Anjo
Sucessos pessoais estão vindo. Prepare-se para ser elogiado.
Divine
Que legal. Eu tenho me esforçado muito ultimamente. Estou me dedicando de corpo e alma à faculdade.
Anjo
Parabéns. Na hora certa, colherá os frutos. Nunca desista dos sonhos, Divine. Você tem muita capacidade.
Divine
Sei disso. Minha fé em Deus está me movendo para o futuro. Apesar de enfrentar a miséria, a indiferença e a rejeição, eu nunca desisti de ser feliz. Deus sabe de todas as coisas.
Anjo
Deus te ama verdadeiramente. É o único que não te abandonará. Lembre-se sempre disso.
Divine
Muito bem lembrado. Agradeço o apoio e as mensagens. Você é muito importante para mim.
Anjo
Você também é muito importante para mim. Conte comigo sempre.
Divine
Muito obrigado.
Sala de aula
Professor
Boa noite, turma. Eu trouxe os resultados das provas. No geral, o resultado foi muito ruim. Tivemos apenas duas boas notas. Um dos estudantes me surpreendeu. Ele tirou a nota máxima. Com vocês, Divine. Ele vai responder a prova no quadro-negro para que vocês o tenham como exemplo.
Divine

Muito obrigado, professor. Estou surpreso. O segredo do meu sucesso foi muito esforço e dedicação. Passei horas treinando exercícios. Façam como eu e também terão resultados.

Professor

Muito bem, Divine. Parabéns! Vai começar a aula. Prestem muita atenção.

Em casa- quarto

Divine

Estou muito feliz, anjo. Superei as expectativas e obtive nota máxima na prova. Até dei aula para meus colegas.

Anjo

Isso mostra um pouco do futuro brilhante que você tem. Persista nos seus objetivos e terá mais vitórias.

Divine

Assim seja. Estou bastante contente com a proximidade do término do curso. Espero conseguir um bom exemplo para que minha situação financeira melhore.

Anjo

Deus vai te ouvir. Tenha uma noite abençoada, meu protegido.

Divine

Muito obrigado por isso. Fica com Deus também.

Por toda a vida 8

Formatura

Hoje é um dia feliz na minha vida. Estou concluindo o ensino superior. Neste momento, relembro parte da minha trajetória até aqui. É uma trajetória de lutas, fracassos, dores e vitórias. Saber que minha carreira profissional começou na agricultura, que lutei desesperadamente contra a miséria, e hoje alcancei a graduação superior me deixa muito orgulhoso. Acho que sou um exemplo de perseverança para os jovens da minha comunidade. Eu abdiquei de tudo em prol da educação. Deixei de lado festas, curtição, lazer e me concentrei no meu objetivo. O resultado de tudo isso está aqui. Posso dizer que valeu muito a pena. Eu venci! Por isso eu afirmo: Acreditem em seus sonhos.

Em casa
Divine
Acabou de sair o resultado do concurso público que participei. Eu fui aprovado, mamãe. Estou tão feliz.
Mamãe
Parabéns, filho! Finalmente conseguiu um emprego decente. Com esse bom salário, você pode realizar seus sonhos, meu filho!
Divine
Realizarei o sonho de todos nós, mamãe. Devo reconhecer seu apoio todo o tempo. Por isso vou recompensá-la. É minha obrigação. A senhora vai esquecer os tempos ruins e vai viver uma nova fase. Eu te apoiarei até o resto de vossos dias e te amarei para sempre.
Mamãe
Também te amo, filho. Você é um presente que Deus nos deu. Nunca nos abandone.
Divine
Eu prometo isso, mamãe.
Trabalho
Divine
Oi, me chamo Divine. Lembra de mim?
Brian
Lembro sim. Eu sou o Brian.
Divine
Prazer, Brian. Animado para o novo trabalho?
Brian
Sim, muito animado. Esperei um ano para ser convocado e estou totalmente pronto para recomeçar.
Divine
Onde você trabalhava anteriormente?
Brian
Nas forças armadas e você?
Divine

Na secretaria duma escola. Você é muito bonito.
Brian
Por favor, Divine. Não quero elogio de homem. Eu respeito se você for gay, mas sou heterossexual. Que isso fique bem claro entre nós.
Divine
Tudo bem. Esqueça o que eu disse.
Brian
Vamos então começar o trabalho.
Outra sala-Cantina
Divine
Como está sendo difícil para mim assimilar este trabalho complexo. Será que devo desistir?
Brian
Nem pense nisso. Apesar de também estar sendo difícil para mim, eu não desistirei. Nós vamos conseguir.
Divine
Vou copiar este seu otimismo. Eu sempre faço isso. Eu assimilo as boas vibrações das pessoas. Isso se chama evolução.
Brian
Coisa boa. Também estou aprendendo com você. Você me parece um ser humano excepcional.
Divine
Sou um ser humano com qualidades e defeitos. Se estamos aqui juntos, é porque existe um motivo.
Brian
Talvez seja apenas uma coincidência. Você pretende fazer outros concursos?
Divine
Por enquanto, não. Quero me estabelecer financeiramente e tentar produzir algo na arte. Sou escritor, roteirista, poeta dentre outras atividades.
Brian
Que legal. Você é um artista. Já sou seu fã. Tem algo para apresentar?

Divine
Sim. Este livro é meu primeiro Romance. Se chama "Forças Opostas". É um presente para você.
Brian
Bacana. Obrigado. Não sou muito fã de leitura, mas prometo que vou lê-lo.
Divine
Que bom. Fico lisonjeado.
Brian
Vou para casa. Até outro dia.
Divine
Até logo.
Sala de psicologia
Psicólogo
Vamos lá. O que te traz ao meu consultório, Divine?
Divine
Estou passando um momento difícil. Tenho trinta anos e já faz sete anos que me assumi homossexual. Eu pensei que dessa forma seria mais fácil. Mas na realidade, é bem mais difícil. Continuo sozinho e triste. Já são cerca de trezentas rejeições amorosas.
Psicólogo
Normal, Divine. Todos nós somos rejeitados. O importante é erguer a cabeça e seguir em frente. Você é muito jovem. Deus vai te proporcionar muitas felicidades. Você é um ser humano bom.
Divine
Obrigado pelo apoio. Mas é que dói tanto. Ele é a pessoa que amo. Acho que só amamos uma vez, não é?
Psicólogo
Não acredito muito nisso, mas para algumas pessoas isso pode ser verdade. Mas pense comigo. Quer dizer que sua felicidade depende unicamente de uma pessoa? Não seja tolo, Divine. Neste momento ele deve estar se divertindo com os amigos e mulheres dele.
Divine
Tem razão. Mas não posso evitar amá-lo. Posso até arranjar outro

parceiro, mas Brian será meu único e exclusivo amor. Por toda a vida e para sempre.

Psicólogo

Isso é muito lindo de sua parte. Mas procure não jogar expectativas num relacionamento que nunca vai acontecer. Ele fez uma escolha. Respeite a decisão dele.

Divine

Ele tem todo meu respeito. Eu torço muito para que ele seja feliz com sua esposa e filhos. Quem ama tudo crê, tudo suporta, tudo espera e renúncia.

Psicólogo

Brian é um homem sortudo. Pena que ele não soube aproveitar a oportunidade. Mas é como você disse. Vocês merecem ser felizes mesmo não estando juntos. Por isso tenha força e coragem, Divine. Sua hora vai chegar.

Divine

Tomara. Que Deus te ouça.

Por toda a vida

Reunião de trabalho

Brian

Está na hora da reunião, Divine.

Divine

Está bem. Já vou.

Chefe

Estamos aqui para debater os maus resultados da empresa. Tudo bem com vocês?

Colega 1 m

Tudo bem, chefe. Estamos prontos para ouvir.

Colega 2 h

Tenho certeza que aí vem bronca.

Chefe

Nada demais. Apenas como chefe desta instituição, tenho que ser prático. Nós estamos numa má situação por causa dum novato.

Divine

Já estou imaginando. Quer dizer que a culpa é minha?

Chefe

Parece que a carapuça lhe serviu. Sim. Você mesmo. Sua arrogância, orgulho e pressa tem me causado problemas.

Divine

Eu não entendo suas críticas. Eu sou o funcionário com o melhor desempenho estatístico. Sou elogiado continuamente pela direção central. Já aqui sou duramente criticado. Isso não é legal.

Mulher colega

Se não quiser ouvir críticas, faça as coisas direito. Ao invés de quantidade, queremos qualidade. Por sua causa, a direção central nos critica. Eles argumentam que os outros produzem pouco.

Divine

Os outros tem mau desempenho e eu que sou responsabilizado. Acho que os valores estão invertidos. Peço licença para sair desta reunião. Não aguento mais essa pressão.

Colega home

Também vou sair. Não é justo estas críticas ao nosso colega. Fiquem bem.

Cantina

Divine

Você viu como me tratam? Sou taxado de medíocre e incompetente porque produzo muito.

Colega home

É assim mesmo, Divine. Todo ambiente de trabalho é assim. O que você queria? Que lhe dessem flores? Aqui quanto mais se sabe é pior. Meu conselho é que tenha calma, sempre siga as normas e trabalhe também com o quesito qualidade no trabalho. Mesmo que você se supere, saiba que nunca agradará a todos.

Divine

Verdade. Confesso que essas reuniões são uma tortura para mim.

Nessas horas, minha alma chora. Como eu queria, neste momento, ter meu negócio próprio. Trabalhar para os outros é muito complicado.
Colega
Lembre-se sempre: Você é funcionário do governo. Você não é empregado de seu chefe. Você entrou no seu cargo por concurso público. Isso foi mérito total de seus estudos. Portanto, tenha coragem e persevere. Fique aqui o quanto você quiser e precisar. Você é muito inteligente. Escritor, compositor, cineasta entre outros talentos. Eu te admiro muito.
Divine
Muito obrigado pelo apoio. O que acha? Será que vou viver de arte um dia?
Colega
Isso ninguém sabe. Está nas mãos de Deus. Mantenha a calma. Tudo o que tiver de ser seu virá por merecimento. Você é um jovem muito esforçado. Confie mais em si mesmo.
Divine
Eu acredito. Agradeço por estar ao meu lado. Gosto muito de você.
Colega
Sempre que precisar, estou aqui.
No ônibus
Divine
Tudo bem, Senhora?
Maria
Estou bem e você?
Divine
Nada bem. Acabo de ter estresse no trabalho. Isso é tão doloroso. Como se chama e onde Moras?
Mary
Meu nome é Mary e moro em Belo Jardim. Sou casada e tenho três filhos. Fique calmo. Todo trabalho é desgastante. Você tem que aprender a lidar com as emoções. Tenha força e fé. E você? Qual é seu nome?
Divine

Meu nome é Divine e sou daqui próximo. Moro com minha mãe e irmãos.
Maria
Legal. você ainda tem mãe? Que coisa boa. Eu já perdi minha mãe. É tão triste. Mãe é a coisa mais importante da nossa vida, não é?
Divine
Sim. Mães nunca morrem. Elas sempre estão conosco duma forma ou de outra.
Mary
Agora que você me disse isso eu me emociono! Quer dizer que voltarei a encontrar minha mãe depois que eu morrer?
Divine
Antes e depois.
Mary
Que bom! Você tem alma de criança. Deve ser um menino bom!
Divine
Com meu trabalho, ajudo dez pessoas diretamente e milhares indiretamente através do serviço público. Eu me sinto realizado.
Mary
Que maravilha!
Divine
Qual sua religião?
Mary
Sou católica. Um dos meus filhos é carpinteiro, ofício do pai. Nós somos uma família muito unida, sabe? Eu tenho um projeto e através dele ajudo muitas pessoas.
Divine
Que legal! Também gostaria de participar dum projeto assim. Mas às vezes falta tempo.
Maria
Não fale assim! Às vezes apenas uma palavra basta para ajudar o próximo.
Divine
Entendi. Eu não sei como, mas me sinto muito à vontade com você.

Mary

Que bom! Eu também! Deve ser porque luz atrai luz, não é?

Divine

Exato!

Mary

Olha! Adorei te conhecer! Eu sei que em algum momento seus sonhos serão realizados. Você é um menino muito bom!

Divine

Eu amei conhecer a senhora também!

Mary

Obrigada!

Por toda a vida 10

Trabalho

Divine

Vim me despedir. Vou sair do trabalho.

Brian

Como é que é? Vai ter coragem de nos deixar, Divine?

Divine

Isso era inevitável. Eu só queria dizer que você foi muito especial para mim, Brian. Você foi a melhor coisa que aconteceu em toda minha vida. Nunca vou te esquecer.

Brian

Divine, já conversamos sobre isso. Acho que fui bastante claro. Não nego que você é uma pessoa especial, mas sou heterossexual. Quero construir minha família e ter meus filhos com uma mulher.

Divine

Eu sei disso. Eu respeito você, mas não poderia deixar de falar isso. Também tenho meus sonhos profissionais e pessoais. Já que você não me quer, vou procurar meu próprio destino.

Brian

Eu te desejo o melhor. Eu sabia que o dia da despedida chegaria. Confesso que dói saber que não vamos mais nos ver.

Divine
Acredite. Isso é muito difícil para mim. Mas eu preciso buscar meu espaço e priorizar minha arte.
Brian
Entendo. Vá em paz, Divine. Toda sorte do mundo.
Divine
Muito obrigado.
Festival
Brian
Divine! Como você vai?
Divine
Você por aqui? Pensei que não gostava de literatura.
Brian
Eu vim te encontrar. Eu pensei bem em tudo o que aconteceu. Eu cheguei à conclusão de que te amo.
Divine
Como é que é? Depois de dez anos? Como foi isso?
Brian
Quando você saiu do trabalho, senti um vazio na minha alma. Eu me senti tão triste que não pude suportar. Por isso eu vim te encontrar. Quero que você volte para minha vida e me ilumine.
Divine
Quer dizer que chegou a hora certa?
Brian
Sim. É a hora de ficarmos juntos para sempre.
Divine
Brian, te amo com todas minhas forças. Se eu tivesse mil encarnações, eu continuaria te amando.
Brian
Meu amor ainda é maior. Você é o ar que eu respiro, as batidas do meu coração, a razão do meu viver.
Divine
Pensei que não seria feliz nunca. Isso para mim é uma surpresa. Pensei que morreria sozinho e sem amor. Eu pensei as piores coisas.

Brian

Não pense mais bobagens. Eu estou aqui. Você pode acreditar. Eu te amei desde a primeira vez. Só descobri isso depois de muito tempo.

Divine

Estava escrito. Por toda a vida te amarei. Meu único amor verdadeiro.

Final